AF316533

RESPONSE
DE TIRCIS
A la plainte de
THEOPHILE
prisonnier

A PARIS,

M·DC XXIII

RESPONSE DE TIRCIS A
la Plainte de Theophile prisonnier.

Heophile, ie m'eston-
ne qu'au lieu de ref-
pondre, & repouffer
tant d'accufations qui
fondent fur toy de
tous coftez, tu t'amu-
fes à m'interoger & à m'efcrire d'vn ftyle Poetique. D'où viét ie te prie que par
my toutes ces tempeftes qui t'aiffail-
lent, tu n'as recours & n'addreffes tes
vers en plate peinture qu'à moy feul,
comme fi i'eftois le feu fainct Erme qui
te peuft preferuer du naufrage ? Au
fort de tes defaftres reclamer Poëtique-
ment l'affiftance de ceux qui ont fi peu
de credit & de pouuoir que moy, comment appelles-tu cela ? N'y a-il pas af-

A

fez d'illuſtres & puiſſantes perſonnes
pour les ſemondre de t'eſtre pitoyables
par tes clameurs & tes plaintes? Encor
les faudroit-il traicter d'autre ſorte. Ce
n'eſt pas auec vn roſeau ou vne paille
qu'on peut eſtayer vne maiſon preſte
à cheoir, ny auec des rithmes friuoles
qu'on peut arreſter la perte de ta repu-
tation & de ta vie. Ce n'eſt pas en vers
qu'on t'accuſe. Ce n'eſt pas en vers que
tu te dois deffendre. Prens en bonne
part cet aduis, ie te prie en amy quoy
que tu m'accuſes d'auoir violé noſtre
amitié par quelque ſorte d'ingratitude,
Choſe plaiſante, lors qu'on t'accuſe,
tu m'accuſes, mais les accuſations ſont
bien diuerſes. Tu m'accuſes d'vn peu
d'ingratitude & de pareſſe enuers toy,
& on t'accuſe d'vne ingratitude infinie
enuers Dieu, ſans meſmes que tu te
ſerues des moyens qui pourroient bien
ſeruir à ta iuſtificatió. On deuroit pour
te confondre, te mettre deuant les yeux

l'ancienne fable d'Arion, qui se voyant
prest d'estre ietté dans le gouffre de la
mer, se mit à pincer doucement sa Ly-
re à la loüange de ses Dieux, & ayant
moins de crainte de la mort que de
soin de les adorer, tesmoigna par sa
douce harmonie qu'il n'auoit iamais eu
tât de sentimér de la diuinité, que pour
lors. C'est pourquoy l'antiquité qui
luy a dressé des autels, creut que par ce-
te seule reconoissance, il merita qu'vn
Dauphin le vint preseruer de ce naufrage. Or contemple combien tu es dis-
semblable à ce Chantre. Au temps que
la mort auec son appareil plus effroya-
ble talonne tes pas, tu negliges d'em-
ployer ta voix, & tes vers pour implorer
le secours du vray Dieu, & ne pouuant
mesme feindre de te conuertir au Crea-
teur, tu té contentes d'auoir recours à
vne si chetiue creature que moy, &
d'espuiser le reste de ta bizarre poësie
pour te plaindre de mon peu de souue-

nir. Et s'il est ainsi que dans les ad-
uersitez l'esprit humain se renforce , &
que comme la Lune luit mieux aux tenebres qu'en plein iour , les mortels
dans les afflictions facent esclatter plus
de iugement & d'industrie , d'où vient
que tu demens cette cómune creance,
& que tes actiós sont si peu iudicieuses,
& ta poesie si muette dans la prison où
tu es, laquelle te deuroit auoir desià
rendu bon Poëte & profete comme
l'antre de Trophonius. O que tu deurois
estre maintenant memoratif & imitateur de ton Socrate, lors qu'il estoit en
prison; ie l'appelle tien, veu qu'il y a
quelque temps que pour te purger du
crime d'Epicure, tu choisis le traicté de
Platon, où la mort de Socrate est descri-
te; pour le traduire en nostre langue,
mais comment traduire, c'est plustost
trahir le sens de Platon dont tu es plustost le traditeur que le traducteur,
pour vser des termes du Poëte du Bel-

lay. Car ayant pris le beau difcours de
Socrate à traduire, tu le fais parler contre fon gré d'vn ftyle poëtique & ex-
trauagant,dont ce Philofophe n'euft
peu vfer fans dechoir de fa docte graui-
té, & fans abatardir tant de belles con-
fiderations, dont il foulage fes amis ef-
plorez de fa prochaine mort. Chofe
eftrange que pour acquerir le tiltre de
difert, tu acquieres celuy d'vn infidelle
interprete , & que pour jouïr d'vn bien
imaginaire, tu ayes fait vn mal fi eui-
dent. Ioinct que fi nous n'auions que
cefte feule authorité de Socrate pour
preuue de l'immortalité de nos ames,
tu aurois eu raifon d'en entreprendre la
verfion & la paraphrafe. Mais tant s'en
faut que ce difcours ferue pour faire
vne telle preuue que mefmes il eft
fôdé fur diuerfes refueries & idolatries,
lefquelles tu augmentes de beaucoup
d'autres impies & abfurdes, au grand
preiudice du fens & iugement de Pla-

ton. Tu n'as donc guerres auancé si tu pensois oster du monde l'ombrage qu'ils ont de ta mescreance, pour fuyr la viue poursuite d'vne telle accusation, tu as cherché vn pauure asyle. Pour affermir ta foy, tu as recours a vn autheur infidelle ; au lieu de te seruir de belles & sainctes raisons dont la Theologie est armee pour triompher de l'impieté. Mais il n'est pas besoin que tous les accusez soient coupables. Si tu es innocent ie souhaite que le bras de la Iustice conuertisse ses menaces en caresses, & couronne de mille fleurs ta teste au lieu de l'escraser de ses foudres punisseurs. Mais ie crains que tant de vers execrables qui portent ton nom si deuot, ne resonnent si fort aux oreilles de tes Iuges que la petite voix de ta deffence n'y trouue aucune entree. Quelle innocence pourra vaincre tant de tesmoignages d'impieté ! Quel soleil dissipera les nuages qui t'enui-

ronent. Ces noirs & vilains Liures dont
Satan se sert comme de funestes voiles
pour faire eclypser & amortir la lumie-
re de la foy & de la raison, sont des terri-
bles instrumens pour auancer l'effect
de ta condamnation & pour authori-
ser les autres accusations qui t'acca-
blent. Ie ne sçay si tu peux esperer plus
de faueur de la Iustice Chrestienne,
que tu n'en eusses receu de la Payene.
Combien de punitions lisons nous
auoir esté faictes de moindres blasphe-
mes contre les faux Dieux?

    I'aprens neantmoins que tu te nies
estre l'autheur de telles folles poësies, &
que tu t'attaques à ceux qui les ont il-
lustrees de ton nom. Sçache (Cher amy)
que ie serois tres-aise de sçauoir que
tu n'eusses iamais produit de si infa-
mes ouurages. Car il est certain qu'ayāt
esté cy-deuant esleué de la poussiere &
de la necessité, tu as donné quelque oc-
casion de croire que tu auois pratiqué

ceste maxime : Qu'il faut pour estre
bien estimé & heureux, mesmemen
en matiere de poësie, suiure toute autre voye que celle de la pieté, tellemé
abandonnee en ce téps qu'on pése que
c'est bailler la torture à la poësie Fran-
çoise que de l'appliquer à des subiects
chastes & vertueux, & que toute sa grace se perd& se dissippe, si elle n'est mes-
lee de gaillardise & de folastrieres Mais
il me semble que tu ne prens point de
goust à m'escouter si ie ne te parle en
vers:

Celuy qui d'vn soc d'or artiste & pre-
cieux

Va cultiuant la fange & les plus sales
lieux,

Est la comparaison de celuy qui s'amuse
A changer les thresors de sa diserte Muse
En des vains instrumens, pour cultiuer
tousiours

Les champs empoizonnez de lubriques
amours

D'où pour toute moisson luy naissent des
espines
Qui luy font esprouuer les vengeances
diuines.
En quel nouueau chaos est reduit l'vni-
uers?
Pour n'y mourir de faim il faut estre per-
uers,
Pour s'y rendre agreable il faut estre ido-
latre,
Auoir l'esprit troublé d'vne verue fola-
tre, &c.

Mais ne t'esmerueilleras-tu pas de voir mon nouueau langage, & pourras-tu croire que ie sois ton ancien Tircis qui me laissant nagueres pipper à ta vanité, recherchois passionnement ceux qui m'empeschoient de cognoistre mon aueuglement. Ne pense pas pourtant, Theophile, que ce soit ton aduersité qui m'ait esloigné de toy, auant qu'elle te vint, ny menacer ny t'assaillir, ie me suis separé de toy, par vn sentiment presque semblable à celuy d'Amasis, qui voyant Polycrates grandement heureux repudia son amitié, iugeant qu'vn si grand heur deuoit estre proche d'vn grand malheur. Mais pour me descouurir entierement, ie ne dois le bien de t'auoir quitté qu'à Dieu seul, qui m'a daigné faire reietter la compagnie des meschans ou soupçonnez tels, sans estre complice de ton vilain diuertissement, que tu vantes aussi effrontément que tu en accuses iniustement ceste grande ville de Rome. Sa diuine grace m'a donc sevré de faux plaisirs de ta pernicieuse compagnie pour me faire iouyr des veritables, qu'il depart à ceux qui pour s'vnir à son amour renoncent à celuy des voluptez perissables. Parmy les tenebres où i'errois miserablemét i'ay veu poindre sur moy des lumieres qui m'ont fait recognoistre que i'estois Chrestien & destiné pour posseder les felicitez eternelles apres les auoir acquifes par le chemin de la pieté. C'eſt pourquoy i'ay creu me deuoir abſtenir de te hanter pour vacquer mieux à mon ſalut, endurant ce petit deplaiſir pour l'amour de celuy qui endura pour moy la mort. Mais, ô merueille! me propoſant de fuïr les plaiſirs, i'en rencontre à chaque pas que ie taſche de faire dãs le ſentier de la pieté. Pẽſant fuïr les ruiſſeaux, ie trouue la ſource, & ne puis que ie ne ſois indigné contre ceux qui figurent les voyes de la vertu ſi ſcabreuſes & difficiles. A la mienne volõté qu'il me fut loiſible de ſouffrir & de mourir, pour eſtre vray imitateur de Ieſus-Chriſt. C'eſt mon ſouhait que ie ne te puis cacher voyant que tu es en eſtat de ſouffrance & en attente de mort, de quoy tu peux faire vn profit infini. O qu'il feroit beau voir que tu te ſeruiſſes d'vne ſi belle occaſion pour monſtrer publiquement ou ton innocence ou ton repentir, en

acceptant d'vn cœur ardent de la diuine charité, l'execution de l'Arrest de ce
sainct & venerable Parlement, afin que
cela fust vne fidelle espreuue de ta
pieté, en espouzant & embrassant ces
flammes qui ont esté si cheremét recher-
chées par tât de belles & pieuses ames,
pour illustrer l'Eglise & accroistre le
nombre des glorieux Martyrs. C'est la
Croix que Dieu te presente maintenant, & c'est à toy de tesmoigner ton
courage à ne la craindre, & ton amour à
ne la refuser pas. Voila le meilleur con-
seil que ie te puis & dois donner en dres-
sant mes humbles prieres à Dieu qu'il te
fortifie de sa grace pour en vser vtile-
ment. A Dieu.

*Malus aut ideo viuit vt corrigatur, aut ideo
viuit vt per eum bonus exerceatur. D. Aug.*